Impressum
Verlag: BABADADA GmbH, Nedderfeld 112 , 22529 Hamburg
Geschäftsführer / Verlagsleitung: Harald Hof
Druck: Books on Demand GmbH, In de Tarpen 42, 22848 Norderstedt

Imprint
Publisher: BABADADA GmbH, Nedderfeld 112 , 22529 Hamburg, Germany
Managing Director / Publishing direction: Harald Hof
Print: Books on Demand GmbH, In de Tarpen 42, 22848 Norderstedt

l'école
школа

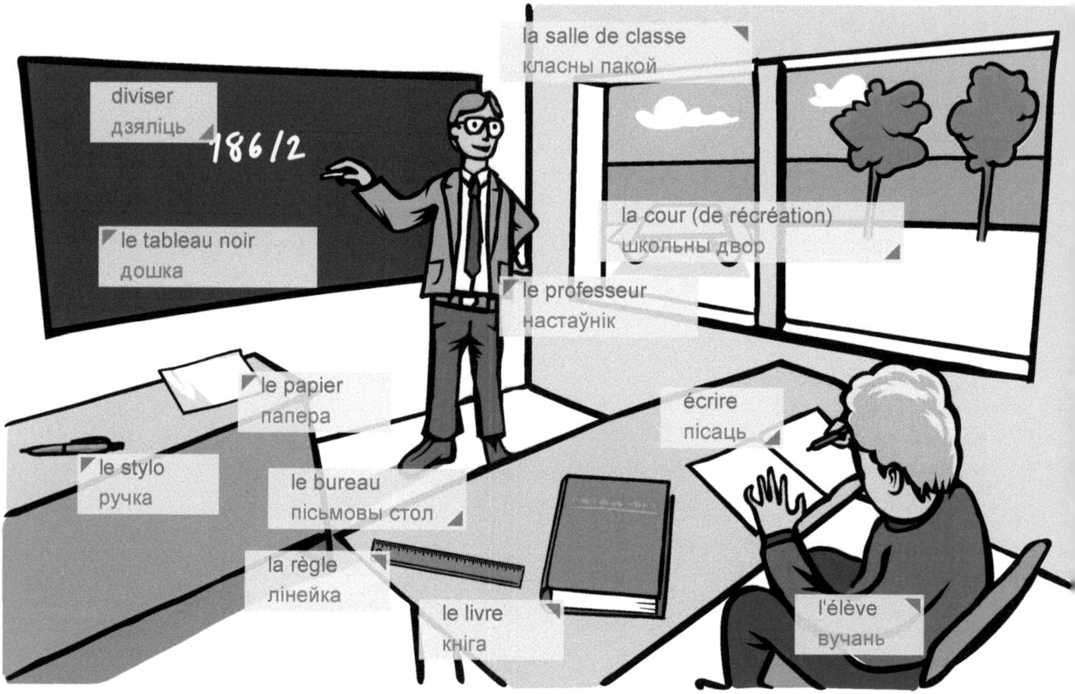
la salle de classe
класны пакой
diviser
дзяліць
186/2
le tableau noir
дошка
la cour (de récréation)
школьны двор
le professeur
настаўнік
le papier
папера
écrire
пісаць
le stylo
ручка
le bureau
пісьмовы стол
la règle
лінейка
le livre
кніга
l'élève
вучань

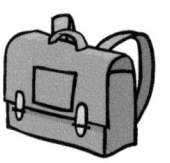

le cartable

ранец

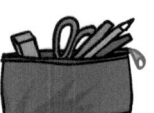

la trousse

пенал

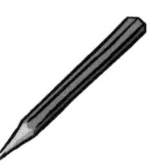

le crayon

просты аловак

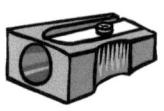

le taille-crayon

тачылка для алоўкаў

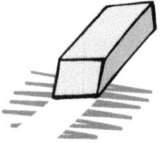

la gomme

гумка

le carnet à dessin

альбом для малявання

le dessin

малюнак

le pinceau

пэндзлік

la boîte de peinture

фарбы

les ciseaux

нажніцы

la colle

клей

le cahier d'exercices

сшытак

les devoirs

хатняе заданне

le chiffre

лік

additionner

дадаваць

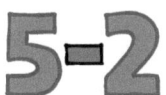

soustraire

адымаць

multiplier

множыць

calculer

лічыць

la lettre

літара

l'alphabet

алфавіт

le mot

слова

l'école - школа

le texte

тэкст

lire

чытаць

la craie

крэйда

la leçon

ўрок

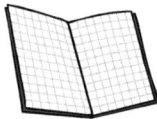

le livre de classe

класны журнал

l'examen

экзамен

le certificat

атэстат

l'uniforme scolaire

школьная форма

la formation

адукацыя

le lexique

энцыклапедыя

l'université

універсітэт

le microscope

мікраскоп

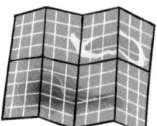

la carte

карта

la corbeille à papier

смеццевы кошык

le voyage

падарожжа

Grand
l'hôtel
гатэль
l'auberge
хостэл
ROOMS
le bureau de change
абменны пункт
CHANGE
la valise
чамадан
la voiture
аўтамабіль

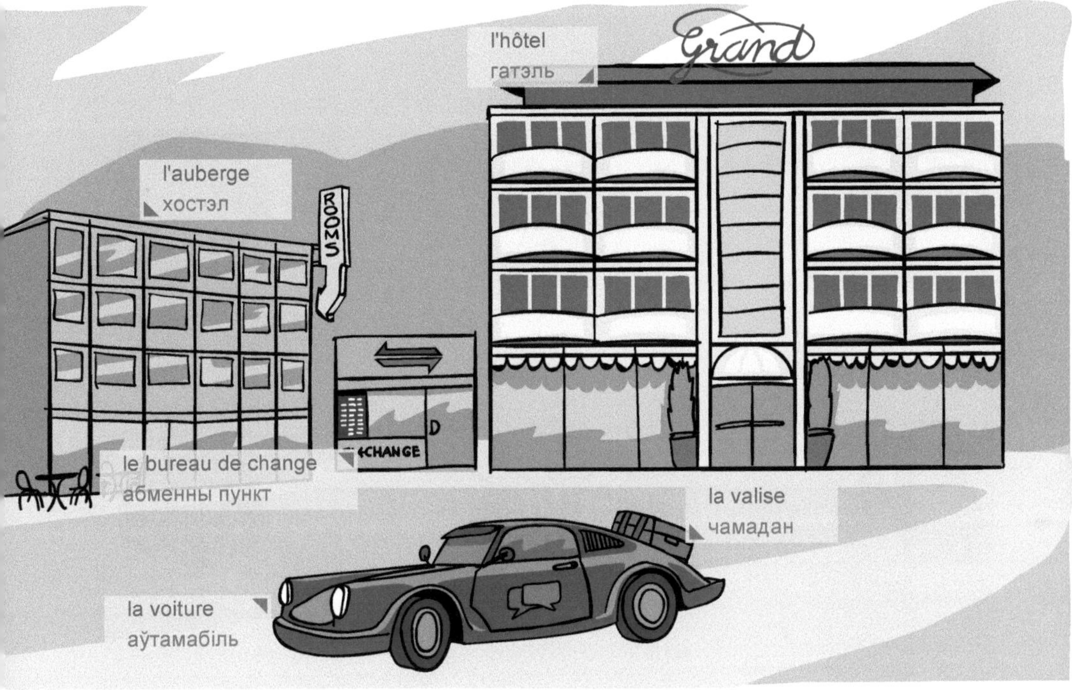

la langue

мова

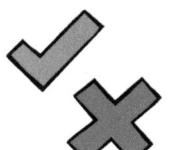

oui / non

так / не

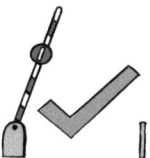

d'accord

добра

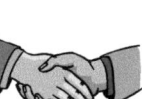

Salut

прывітанне!

l'interprète

перакладчык

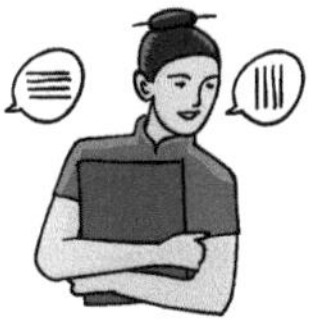

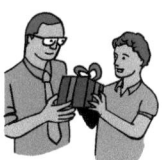

merci

дзякуй

Combien coûte...?

Колькі каштуе....?

Je ne comprends pas

я не разумею

le problème

праблема

Bonsoir !

Добры вечар!

Bonjour !

Добрай раніцы!

Bonne nuit !

Дабранач!

Au revoir

да пабачэння

la direction

кірунак

les bagages

багаж

le sac

сумка

le sac-à-dos

заплечнік

l'hôte

госць

la pièce

пакой

le sac de couchage

спальны мяшок

la tente

палатка

l'office de tourisme

інфармацыя для турыстаў

la plage

пляж

la carte de crédit

крэдытная картка

le petit-déjeuner

снеданне

le déjeuner

абед

le dîner

вячэра

le billet

праязны білет

l'ascenseur

ліфт

le timbre

паштовая марка

la frontière

мяжа

la douane

мытня

l'ambassade

пасольства

le visa

віза

le passeport

пашпарт

le transport
транспарт

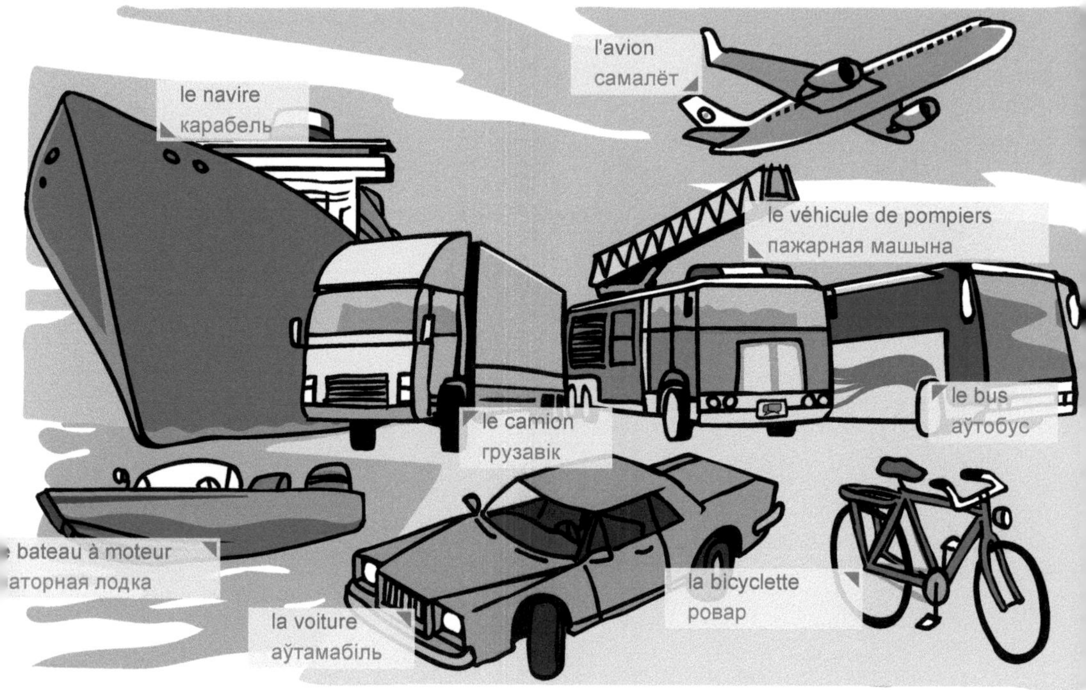

l'avion
самалёт
le navire
карабель
le véhicule de pompiers
пажарная машына
le camion
грузавік
le bus
аўтобус
bateau à moteur
аторная лодка
la voiture
аўтамабіль
la bicyclette
ровар

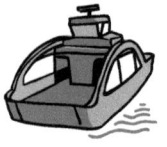

le ferry
паром

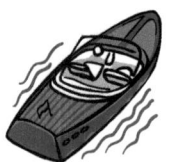

la barque
лодка

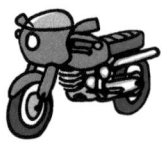

la moto
матацыкл

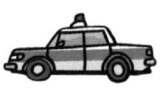

la voiture de police
паліцэйская машына

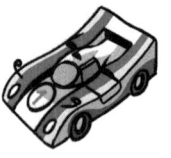

la voiture de course
гоначны аўтамабіль

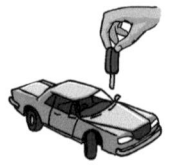

la voiture de location
арэндаваны аўтамабіль

l'auto-partage

сумеснае карыстанне
аўтамабілем

la voiture de remorquage

эвакуатар

la benne à ordures

смеццявоз

le moteur

матор

l'essence

паліва

la station d'essence

запраўка

le panneau indicateur

дарожны знак

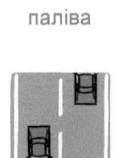

le trafic

дарожны рух

l'embouteillage

затор

le parking

паркоўка

la gare

чыгуначная станцыя

les rails

рэйкі

le train

цягнік

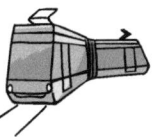

le tramway

трамвай

le wagon

вагон

le transport - транспарт

l'hélicoptère
вертолёт

l'aéroport
аэрапорт

la tour
вежа

le passager
пасажыр

le conteneur
кантэйнер

le carton
кардонная скрыня

le chariot
тачка

la corbeille
карзіна

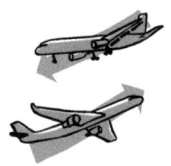

décoller / atterrir
ўзлятаць / прызямляцца

la ville

горад

le village
вёска

le centre-ville
цэнтр горада

la maison
дом

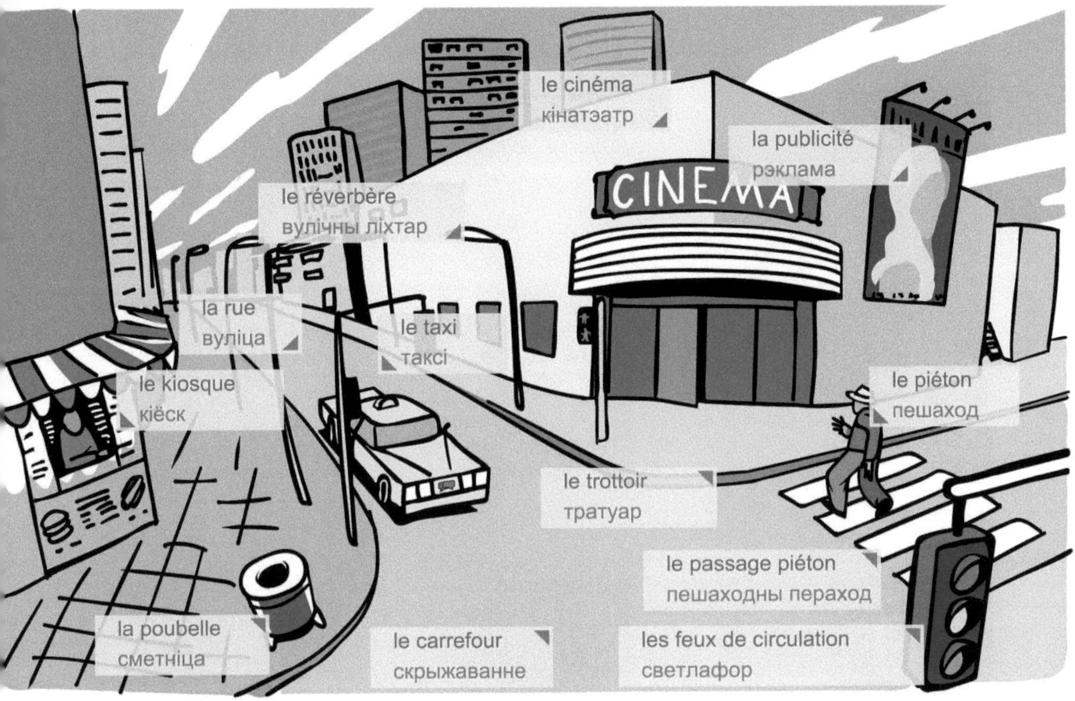

le cinéma
кінатэатр

la publicité
рэклама

le réverbère
вулічны ліхтар

la rue
вуліца

le taxi
таксі

CINEMA

le piéton
пешаход

le kiosque
кіёск

le trottoir
тратуар

le passage piéton
пешаходны пераход

la poubelle
сметніца

le carrefour
скрыжаванне

les feux de circulation
светлафор

la cabane

халупа

l'appartement

кватэра

la gare

чыгуначная станцыя

la mairie

ратуша

le musée

музей

l'école

школа

l'université

універсітэт

la banque

банк

l'hôpital

шпіталь

l'hôtel

гатэль

la pharmacie

аптэка

le bureau

офіс

la librairie

кнігарня

le magasin

крама

le fleuriste

кветкавая крама

le supermarché

супермаркет

le marché

кірмаш

le grand magasin

універмаг

la poissonnerie

рыбная крама

le centre commercial

гандлевы цэнтр

le port

порт

le parc

парк

la banque

лава

le pont

мост

les escaliers

лесвіца

le métro

метро

le tunnel

тунэль

l'arrêt de bus

прыпынак

le bar

бар

le restaurant

рэстаран

la boîte à lettres

паштовая скрыня

le panneau indicateur

вулічны паказальнік

le parcmètre

паркамат

le zoo

заапарк

le réverbère

басейн

la mosquée

мячэць

la ville - горад

la ferme
················
сядзіба

la pollution
················
забруджванне
навакольнага асяроддзя

la cimetière
················
могілкі

l'église
················
царква

l'aire de jeux
················
пляцоўка для гульні

le temple
················
храм

le paysage
краявід

la feuille
ліст

le panneau indicateur
паказальнік

le chemin
дарога

le pré
луг

la pierre
камень

le randonneur
падарожнік

l'arbre
дрэва

la rivière
рака

l'herbe
трава

la fleur
кветка

la vallée

даліна

la montagne

гара

le lac

возера

la forêt

лес

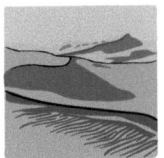

le désert

пустыня

le volcan

вулкан

le château

замак

l'arc-en-ciel

вясёлка

le champignon

грыб

le palmier

пальма

le moustique

камар

la mouche

муха

les fourmis

мурашка

l'abeille

пчала

l'araignée

павук

le coléoptère

жук

la grenouille

жаба

l'écureuil

вавёрка

le hérisson

вожык

le lièvre

заяц

la chouette

сава

l'oiseau

птушка

le cygne

лебедзь

le sanglier

дзік

le cerf

алень

l'élan

лось

le barrage

пляціна

l'éolienne

вятрак

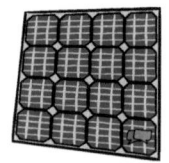

le panneau solaire

сонечная батарэя

le climat

клімат

le paysage - краявід

le restaurant
рэстаран

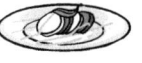

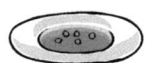

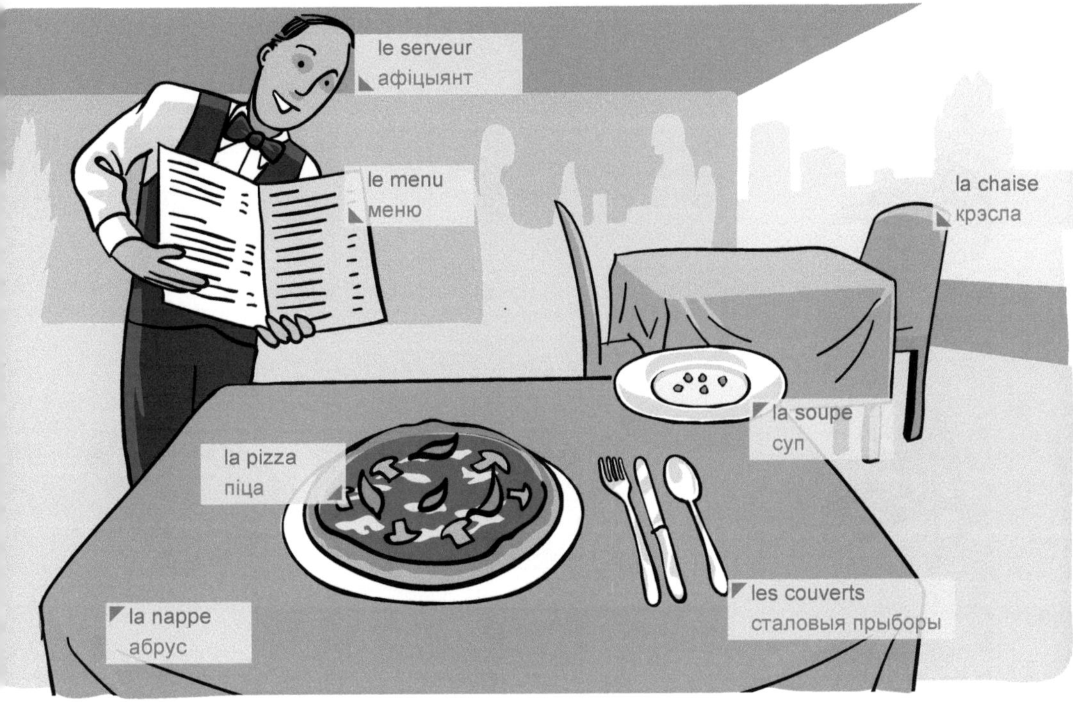
le serveur
афіцыянт
le menu
меню
la chaise
крэсла
la soupe
суп
la pizza
піца
les couverts
сталовыя прыборы
la nappe
абрус

les hors d'œuvre
закуска

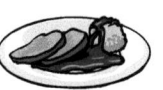

le plat principal
другая страва

le dessert
дэсерт

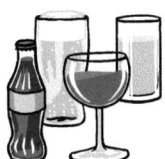

les boissons
напоі

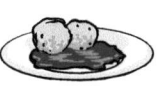

l'alimentation
ежа

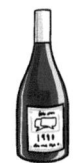

la bouteille
бутэлька

le fast-food

хуткае харчаванне (фаст-фуд)

les plats à emporter

стрыт-фуд

la théière

імбрык (чайнік)

le sucrier

цукарніца

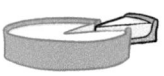

la portion

порцыя

la machine à expresso

эспрэса-машына

la chaise haute

дзіцячае крэселка

la facture

рахунак

le plateau

паднос

le couteau

нож

la fourchette

відэлец

la cuillère

лыжка

la cuillère à thé

чайная лыжка

la serviette

сурвэтка

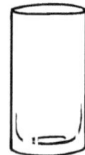

le verre

шклянка

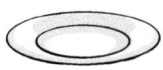

l'assiette

талерка

l'assiette à soupe

супавая талерка

la soucoupe

сподак

la sauce

соус

la salière

сальніца

le moulin à poivre

млынок для перцу

le vinaigre

воцат

l'huile

алей

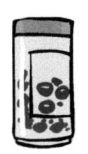

les épices

спецыі

le ketchup

кетчуп

la moutarde

гарчыца

la mayonnaise

маянэз

le supermarché

супермаркет

l'offre promotionnelle
акцыя
FOR
le client
пакупнік
les produits laitiers
малочныя прадукты
les fruits
садавіна
le chariot
вазок

BUTCHERS

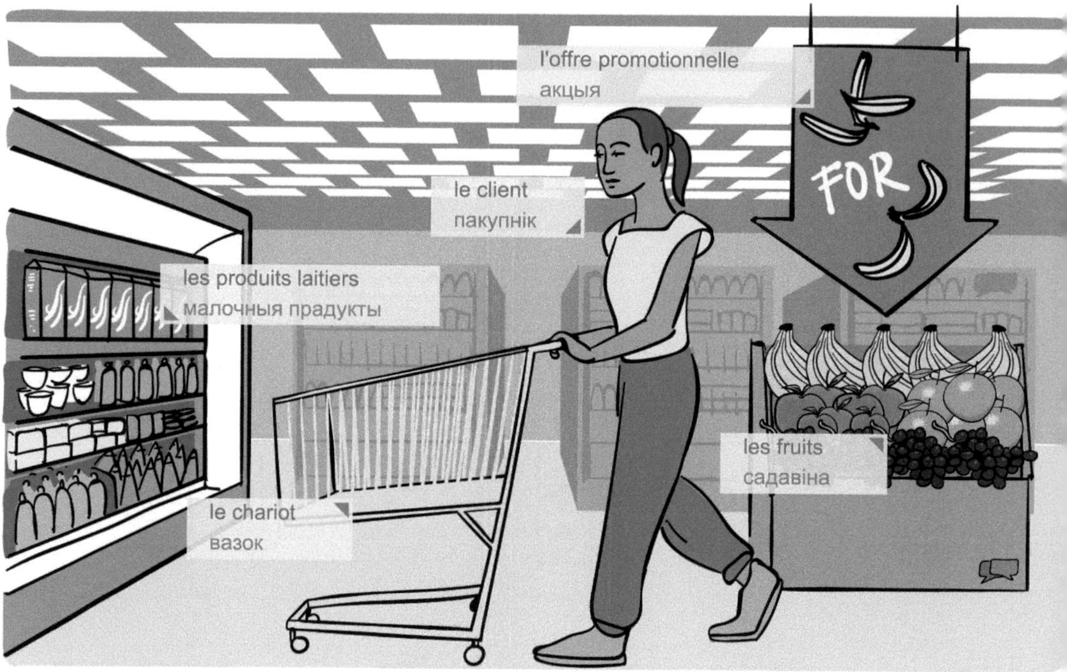

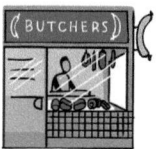

la boucherie

мясная крама

BAKERY

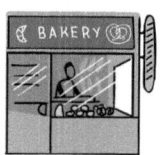

la boulangerie

хлебны магазін

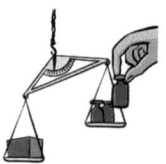

peser

важыць

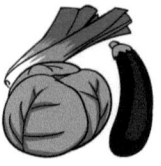

les légumes

гароднiна

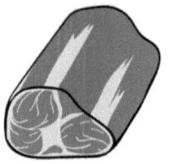

la viande

мяса

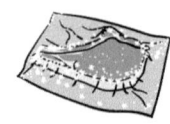

les aliments surgelés

свежазамарожаныя прадукты

la charcuterie

нарэзка

les conserves

кансервы

la poudre à lessive

пральны парашок

les bonbons

прысмакі

les articles ménagers

хатнія прылады

les détergents

чысцячы сродак

la vendeuse

прадавец

la caisse

каса

le caissier

касір

la liste d'achats

спіс пакупак

les heures d'ouverture

гадзіны працы

le portefeuille

бумажнік

la carte de crédit

крэдытная картка

le sac

сумка

le sac en plastique

пакет

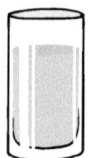

l'eau

вада

le jus de fruit

сок

le lait

малако

le coca

кола

le vin

віно

la bière

піва

l'alcool

алкаголь

le chocolat chaud

какава

le thé

гарбата (чай)

le café

кава

l'expresso

эспрэса

le cappuccino

капучына

la banane

банан

la pomme

яблык

l'orange

апельсін

le melon

дыня

le citron.

лімон

la carotte

морква

l'ail

часнок

le bambou

бамбук

l'oignon

цыбуля

le champignon

грыб

les noisettes

арэхі

les pâtes

локшына

les spaghetti

спагеці

le riz

рыс

la salade

салата

les pommes frites

бульба фры

les pommes de terre rôties

смажаная бульба

la pizza

піца

le hamburger

гамбургер

le sandwich

бутэрброд

l'escalope

шніцаль

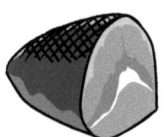

le jambon

вяндліна

le salami

салямі

la saucisse

каўбаса

le poulet

курыца

le rôti

смажаніна

le poisson

рыбак

les flocons d'avoine

аўсяныя камякі

le muesli

мюслі

les cornflakes

кукурузныя шматкі

la farine

мука

le croissant

круасан

les petits-pains

булачка

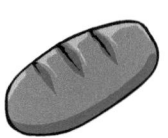

le pain

хлеб

le pain grillé

тост

les biscuits

пячэнне

le beurre

масла

le fromage blanc

тварог

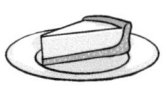

le gâteau

пірог

l'œuf

яйка

l'œuf au plat

яечня

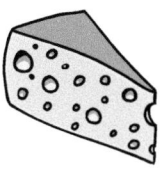

le fromage

сыр

la glace

марожанае

le sucre

цукар

le miel

мёд

la confiture

варэнне

la crème nougat

нуга

le curry

кары

la ferme
сядзіба

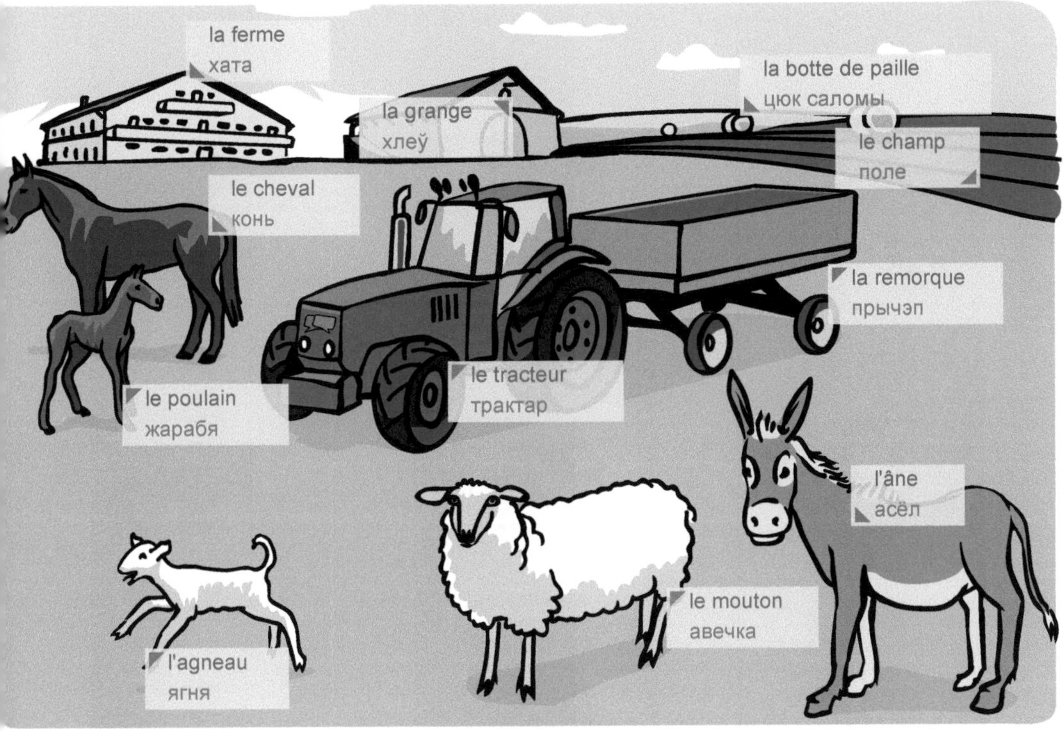

la ferme
хата
la botte de paille
цюк саломы
la grange
хлеў
le champ
поле
le cheval
конь
la remorque
прычэп
le tracteur
трактар
le poulain
жарабя
l'âne
асёл
le mouton
авечка
l'agneau
ягня

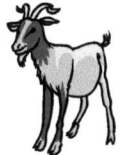

la chèvre

каза

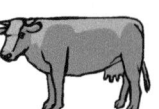

la vache

карова

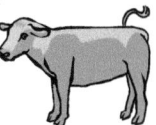

le veau

цяля

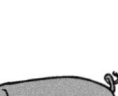

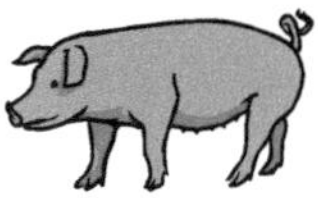

le porc

свiння

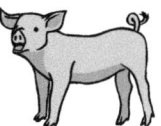

le porcelet

парася

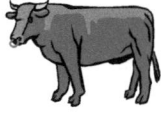

le taureau

бык

l'oie

гусак

le canard

качка

le poussin

кураня

la poule

курыца

le coq

певень

le rat

пацук

le chat

кот

la souris

мыш

le bœuf

вол

le chien

сабака

le chenil

сабачая будка

le tuyau de jardin

садовы шланг

l'arrosoir

палівачка

la faucheuse

каса

la charrue

плуг

la faucille

серп

la pioche

матыка

la fourche

вілы для гною

la hache

сякера

la brouette

тачка

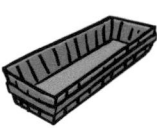

la cuve

карыта

le pot à lait

бітон для малака

le sac

мех

la clôture

плот

l'étable

хлеў

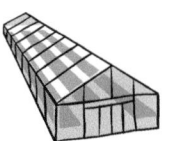

le serre

цяпліца

le sol

глеба

les semences

насенне

l'engrais

угнаенне

la moissonneuse-batteuse

камбайн

la ferme - сядзіба

29

récolter

збіраць ураджай

la récolte

ураджай

l'igname

ямс

le blé

пшаніца

le soja

соя

la pomme de terre

бульба

le maïs

кукуруза

le colza

рапс

l'arbre fruitier

садовае дрэва

le manioc

маніёк

les céréales

збожжа

la maison
дом

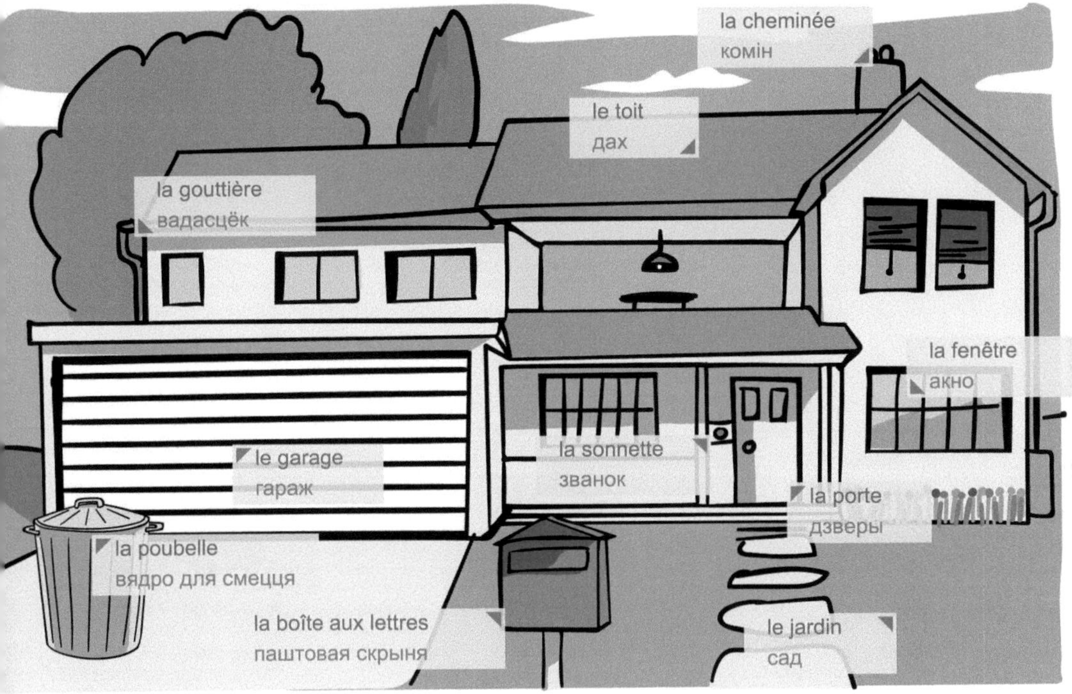
la cheminée
комін
le toit
дах
la gouttière
вадасцёк
la fenêtre
акно
la sonnette
званок
le garage
гараж
la porte
дзверы
la poubelle
вядро для смецця
la boîte aux lettres
паштовая скрыня
le jardin
сад

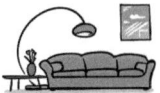

le salon
жылы пакой

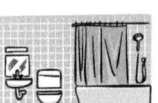

la salle de bain
ванная

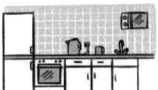

la cuisine
кухня

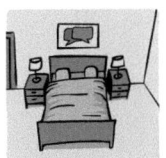

la chambre à coucher
спальны пакой

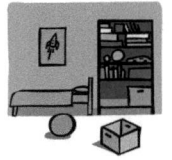

la chambre d'enfant
дзіцячы пакой

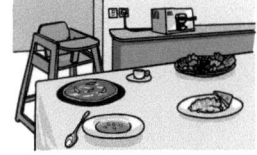

la salle à manger
сталоўка

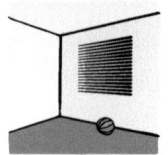

le sol

падлога

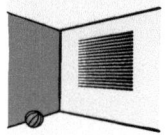

le mur

сцяна

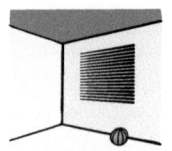

le plafond

столь

la cave

падвал

le sauna

саўна

le balcon

балкон

la terrasse

тэраса

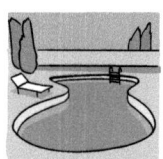

la piscine

басейн

la tondeuse à gazon

касілка

la housse

падкоўдранік

la couette

коўдра

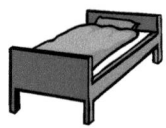

le lit

ложак

le balai

venik

le sceau

вядро

l'interrupteur

выключальнік

le salon

жылы пакой

le papier peint
шпалеры
l'image
малюнак
la lampe
лямпа
l'étagère
паліца
l'armoire
шафа
la télé
тэлевізар
la cheminée
камін
la fleur
кветка
le coussin
падушка
le sofa
канапа
le vase
ваза
la télécommande
пульт

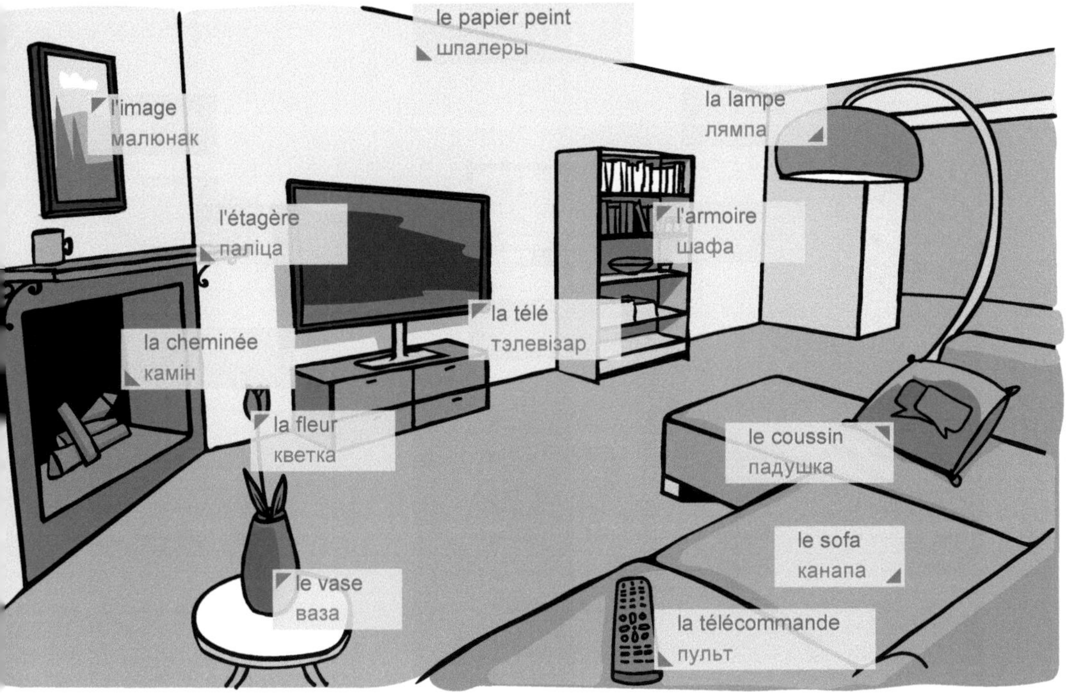

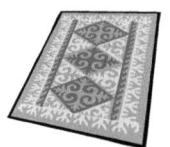

le tapis

дыван

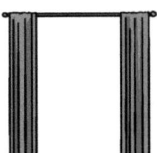

le rideau

фіранка

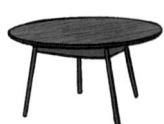

la table

стол

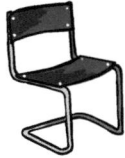

la chaise

крэсла

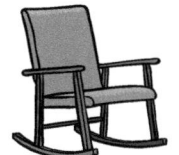

la chaise à bascule

крэсла-качалка

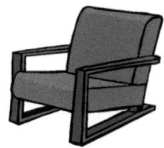

le fauteuil

крэсла

le livre

кніга

la couverture

коўдра

la décoration

дэкарацыя

le bois de chauffage

дровы

le film

кіно

la chaîne hi-fi

стэрэасістэма

la clé

ключ

le journal

газета

la peinture

карціна

le poster

постар

la radio

радыё

le bloc-notes

нататнік

l'aspirateur

пыласос

le cactus

кактус

la bougie

свечка

la cuisine
кухня

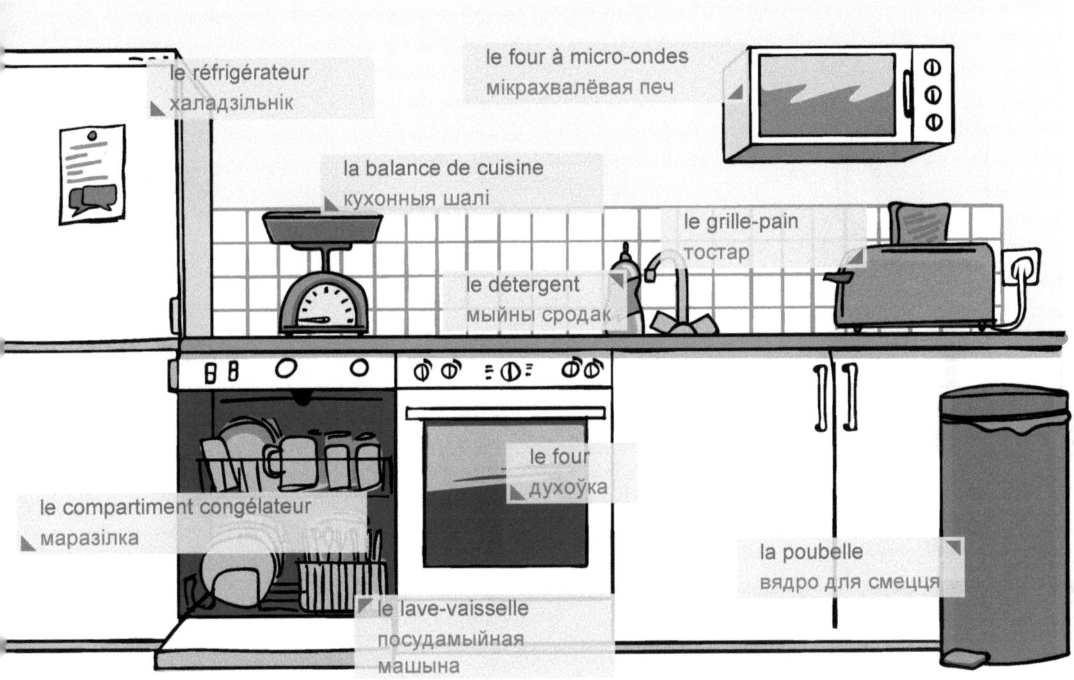
le réfrigérateur
халадзільнік
le four à micro-ondes
мікрахвалёвая печ
la balance de cuisine
кухонныя шалі
le grille-pain
тостар
le détergent
мыйны сродак
le four
духоўка
le compartiment congélateur
маразілка
la poubelle
вядро для смецця
le lave-vaisselle
посудамыйная
машына

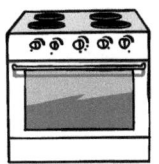

le four
....
пліта

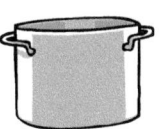

la casserole
....
рондаль

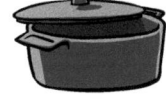

la marmite
....
чыгунок

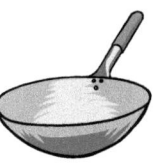

le wok / kadai
....
Вок / кадаі

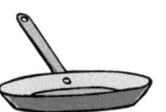

la poêle
....
патэльня

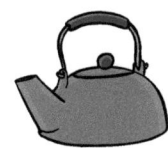

la bouilloire electrique
....
чайнік

le cuiseur vapeur

пароварка

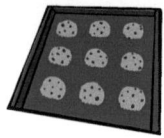

la plaque de cuisson

бляха

la vaisselle

посуд

le gobelet

кубак

la coupe

міска

les baguettes

палачкі для ежы

la louche

чарпак

la spatule

лапатачка

le fouet

збівалка

la passoire

сіта для варэння

le tamis

сіта

la râpe

тарка

le mortier

ступка

le barbecue

грыль

la cheminée

вогнішча

la planche à découper

дошка

le rouleau à pâtisserie

качалка

le tire-bouchon

штопар

la boîte

бляшанка

l'ouvre-boîte

адкрывалка

les maniques

прыхваткі

le lavabo

ракавіна

la brosse

шчотка

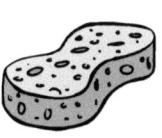

l'éponge

губка

le mixeur

міксер

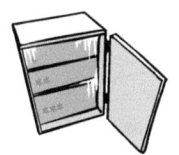

le congélateur

маразільная камера

le biberon

бутэлечка

le robinet

вадаправодны кран

la salle de bain

ванная

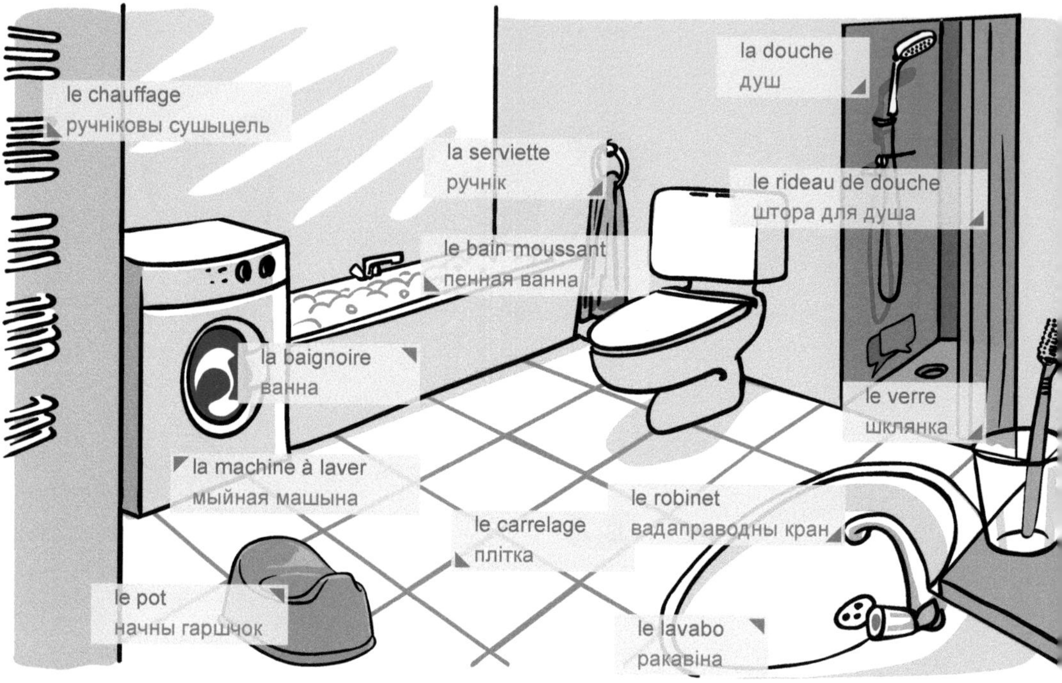

la douche
душ
le chauffage
ручніковы сушыцель
la serviette
ручнік
le rideau de douche
штора для душа
le bain moussant
пенная ванна
la baignoire
ванна
le verre
шклянка
la machine à laver
мыйная машына
le robinet
вадаправодны кран
le carrelage
плітка
le pot
начны гаршчок
le lavabo
ракавіна

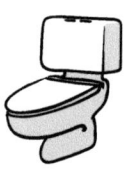

les toilettes

туалет

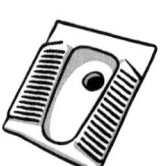

la toilette à la turque

падлогавы ўнітаз

le bidet

бідэ

l'urinoir

пісуар

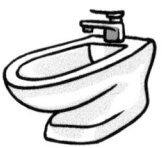

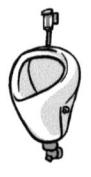

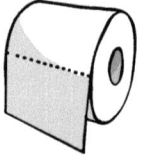

le papier toilette

туалетная папера

la brosse à toilette

шчотка для чысткі ўнітаза

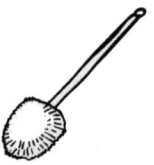

la brosse à dents

зубная шчотка

le dentifrice

зубная паста

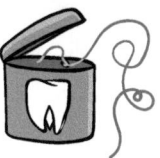

le fil dentaire

зубная нітка

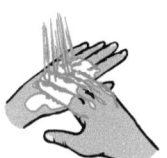

laver

мыць

la douche manuelle

ручны душ

la douche intime

інтымны душ

la vasque

умывальнік

la brosse dorsale

шчотка для спіны

le savon

мыла

le gel douche

гель для душа

le shampooing

шампунь

le gant de toilette

вяхотка

l'écoulement

вадасцёк

la crème

крэм

le déodorant

дэзадарант

le miroir

люстэрка

le miroir cosmétique

касметычнае люстэрка

le rasoir

станок для галення

la mousse à raser

пена для галення

l'après-rasage

ласьён пасля галення

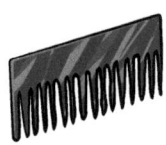

la peigne

грэбень

la brosse

шчотка

le sèche-cheveux

фен

la laque pour cheveux

лак для валасоў

le fond de teint

касметыка

le rouge à lèvres

памада

le vernis à ongles

лак для пазногцяў

l'ouate

вата

le coupe-ongles

манікюрныя нажніцы

le parfum

духі

la trousse de toilette

касметычка

le tabouret

табурэтка

le pèse-personne

вагі

le peignoir

лазневы халат

les gants de nettoyage

санітарныя пальчаткі

le tampon

тампон

les serviettes hygiéniques

гігіенічныя пракладкі

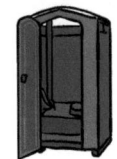

la toilette chimique

біятуалет

la chambre d'enfant

дзіцячы пакой

le réveil
будзільнік
le doudou
мяккая цацка
la voiture jouet
цацачная машынка
le hochet
бразготка
la maison de poupée
лялечны домік
le cadeau
падарунак

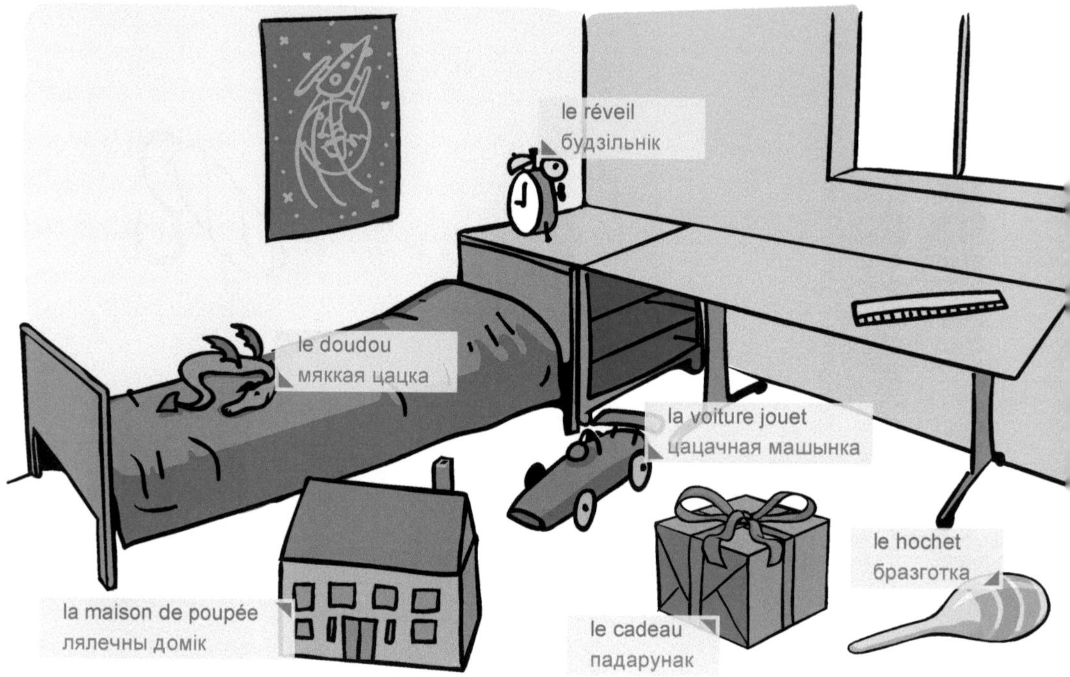

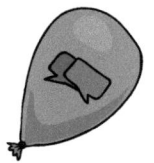

le ballon

надзіманы шарык

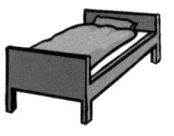

le lit

ложак

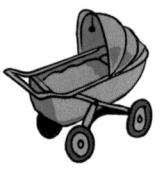

la poussette

дзіцячая каляска

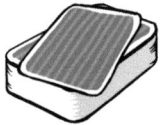

le jeu de cartes

калода картаў

le puzzle

пазл

SUPER MEGA

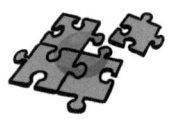

la bande dessinée

комікс

les pièces lego

канструктар "Лега"

les blocs de construction

канструктар

la figurine

экшэн-фігурка

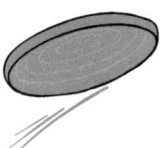

la grenouillère

дзіцячы гарнітур

le frisbee

фрызбі

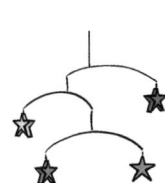

le mobile

дзіцячы мабіль

le jeu de société

настольная гульня

le dé

кубік

le train miniature

дзіцячая чыгунка

la sucette

пустышка

la fête

дзіцячае свята

le livre d'images

кніга з малюнкамі

la balle

мячык

la poupée

лялька

jouer

гуляцца

la chambre d'enfant - дзіцячы пакой

le bac à sable

пясочніца

la balançoire

арэлі

les jouets

цацкі

la console de jeu

гульнявая відэа прыстаўка

le tricycle

трохколавы ровар

l'ours en peluche

плюшавы мішка

l'armoire

шафа

les vêtements

адзенне

les chaussettes

шкарпэткі

les bas

панчохі

le collant

калготкі

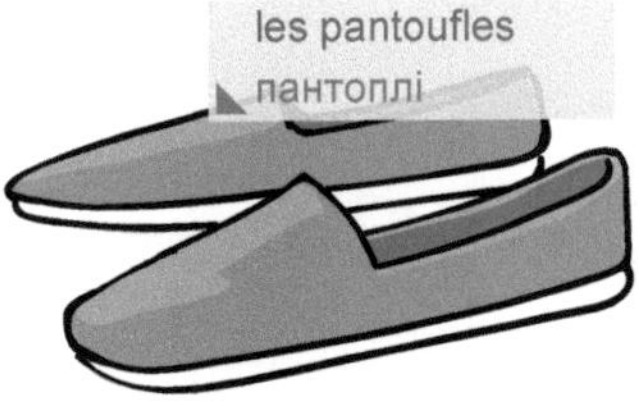

l'écharpe
шалік

le parapluie
парасон

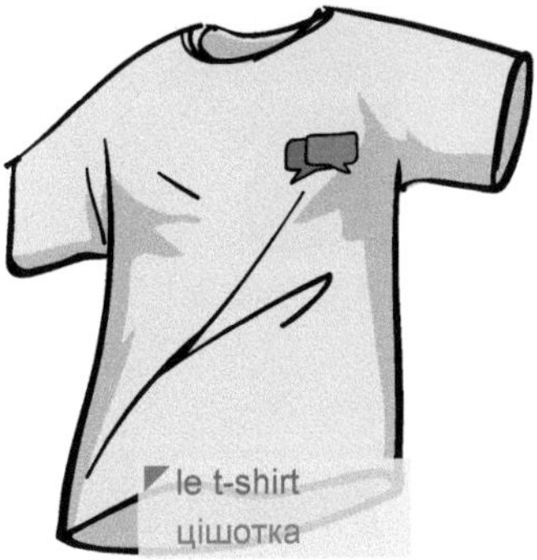

le t-shirt
цішотка

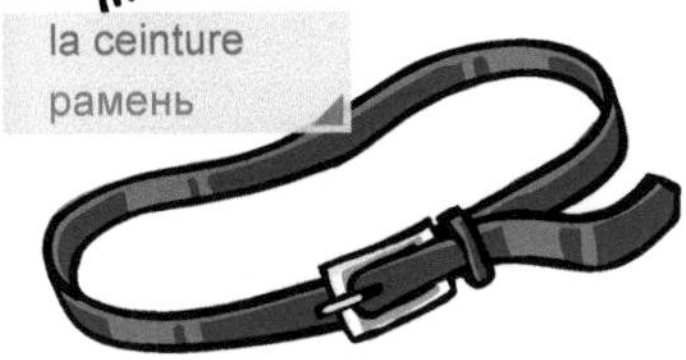

la ceinture
рамень

les bottes
боты

les pantoufles
пантоплі

les baskets
красоўкі

les sandales
сандалі

les chaussures
абутак

les bottes de caoutchouc
гумовыя боты

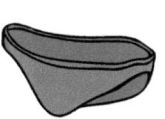

les sous-vêtements
трусы

le soutien-gorge
бюстгальтар

le maillot de corps
майка

le body
бодзі

le pantalon
штаны

le jean
джынсы

la jupe
спадніца

le chemisier
блузка

la chemise
кашуля

le pull
джэмпер

le sweat à capuche
талстоўка

la veste
блэйзер

la veste
куртка

le manteau
паліто

l'imperméable
дажджавік

le costume
касцюм

la robe
сукенка

la robe de mariée
вясельная сукенка

les vêtements - адзенне

le costume

касцюм

la chemise de nuit

начная сарочка

le pyjama

піжама

le sari

сары

le foulard

хустка

le turban

цюрбан

la burqa

паранджа

le caftan

каптан

l'abaya

Абая

le maillot de bain

купальнік

le maillot de bain

плаўкі

le short

шорты

la tenue d'entraînement

спартыўны касцюм

le tablier

фартух

les gants

пальчаткі

les vêtements - адзенне

le bouton

гузік

les lunettes

акуляры

le bracelet

бранзалет

le collier

каралі

la bague

кальцо

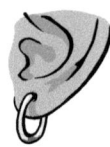

la boucle d'oreille

завушніца

le bonnet

кепка

le cintre

вешалка

le chapeau

капялюш

la cravate

гальштук

la fermeture éclair

маланка

le casque

шлем

les bretelles

падцяжкі

l'uniforme scolaire

школьная форма

l'uniforme

уніформа

le bavoir
нагруднік

la sucette
пустышка

la lange
падгузнік

le bureau
офіс

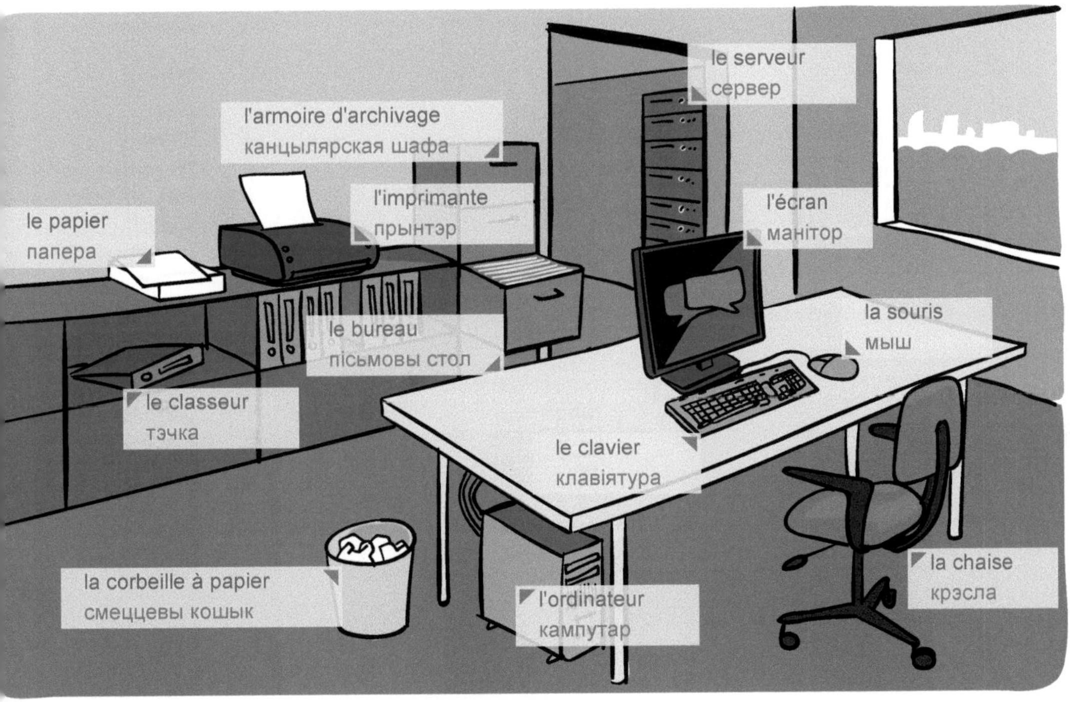

le serveur
сервер

l'armoire d'archivage
канцылярская шафа

l'imprimante
прынтэр

l'écran
манітор

le papier
папера

la souris
мыш

le bureau
пісьмовы стол

le classeur
тэчка

le clavier
клавіятура

la corbeille à papier
смеццевы кошык

l'ordinateur
кампутар

la chaise
крэсла

la tasse de café
кубак для кавы (філіжанка)

la calculatrice
калькулятар

l'internet
інтэрнэт

l'ordinateur portable

ноўтбук

la lettre

ліст

le message

паведамленне

le portable

мабільны тэлефон

le réseau

сетка

la photocopieuse

ксеракс

le logiciel

праграмнае забеспячэнне

le téléphone

тэлефон

la prise

разетка

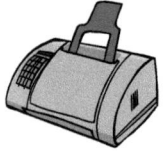

le fax

факс

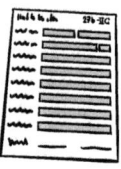

le formulaire

фармуляр

le document

дакумент

acheter

купляць

payer

плаціць

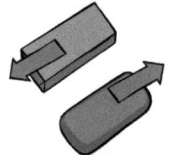

faire du commerce

гандляваць

la monnaie

грошы

USD

le dollar

долар

EUR

l'euro

еўра

JPY

le yen

ена

RUB

le rouble

рубель

CHF

le franc suisse

франк

CNY

le renminbi yuan

кітайскі юань

INR

la roupie

рупія

le distributeur automatique

банкамат

le bureau de change

абменны пункт

l'or

золата

l'argent

срэбра

le pétrole

нафта

l'énergie

энергія

le prix

цана

le contrat

кантракт

la taxe

падатак

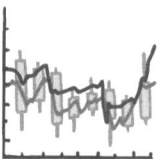

l'action

акцыя

travailler

працаваць

l'employé

служачы

l'employeur

працадаўца

l'usine

фабрыка

le magasin

крама

les professions

прафесіі

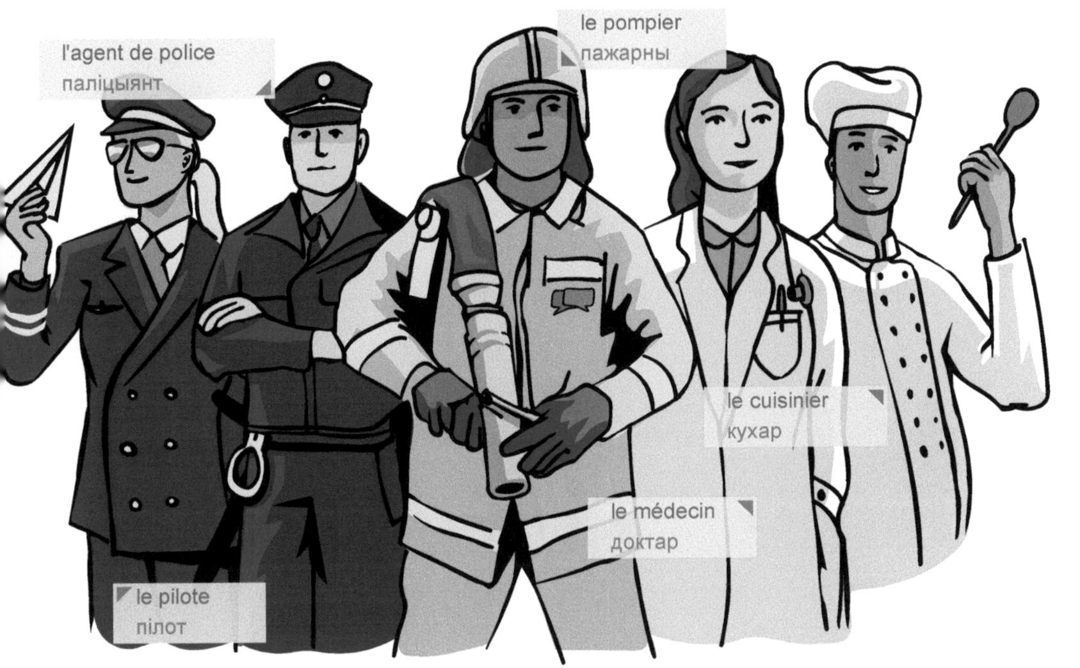
l'agent de police
паліцыянт
le pompier
пажарны
le cuisinier
кухар
le médecin
доктар
le pilote
пілот

le jardinier

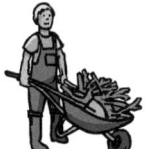

садоўнік

le menuisier

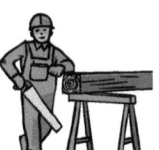

слесар

la couturière

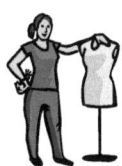

швачка

le juge

суддзя

le chimiste

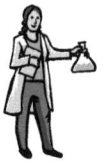

хімік

l'acteur

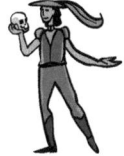

артыст

le conducteur de bus

кіроўца аўтобуса

le chauffeur de taxi

таксіст

le pêcheur

рыбак

la femme de ménage

прыбіральшчыца

le couvreur

страхар

le serveur

афіцыянт

le chasseur

паляўнічы

le peintre

мастак

le boulanger

пекар

l'électricien

электрык

l'ouvrier

будаўнік

l'ingénieur

інжынер

le boucher

мяснік

le plombier

сантэхнік

le facteur

паштальён

le soldat

салдат

l'architecte

архітэктар

le caissier

касір

le fleuriste

фларыст

le coiffeur

цырульнік

le contrôleur

кандуктар

le mécanicien

механік

le capitaine

капітан

le dentiste

стаматолаг

le scientifique

вучоны

le rabbin

рабін

l'imam

імам

le moine

манах

le prêtre

святар

les professions - прафесіі

les outils
інструменты

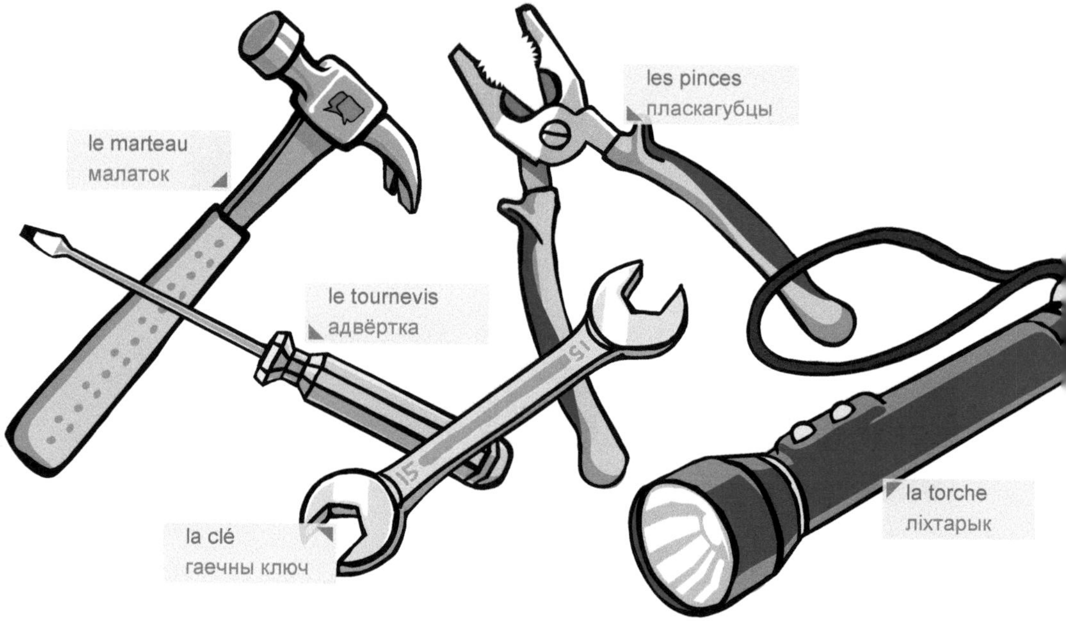

le marteau
малаток
les pinces
пласкагубцы
le tournevis
адвёртка
la clé
гаечны ключ
la torche
ліхтарык

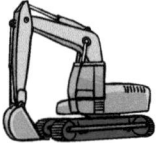

la pelleteuse

экскаватар

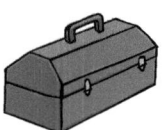

la boîte à outils

скрыня для інструментаў

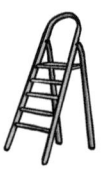

l'échelle

дравіны

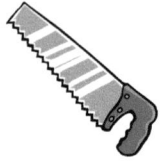

la scie

піла

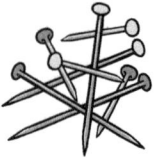

les clous

цвікі

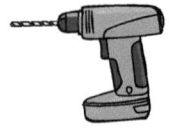

la perceuse

дрыль

réparer
рамантаваць

la pelle
рыдлеўка

Mince !
Халера!

la pelle
шуфлік для смецця

le pot de peinture
вядро з фарбаю

les vis
балты

les instruments de musique
музычныя інструменты

la batterie
ударны інструмент

le haut-parleurs
калонкі

la guitare
гітара

la contrebasse
кантрабас

la trompette
труба

le piano

піяніна

le violon

скрыпка

la basse

басгітара

les timbales

літаўры

le tambour

барабан

le piano électrique

клавішны электрамузычны інструмент

le saxophone

саксафон

la flûte

флейта

le microphone

мікрафон

le zoo

заапарк

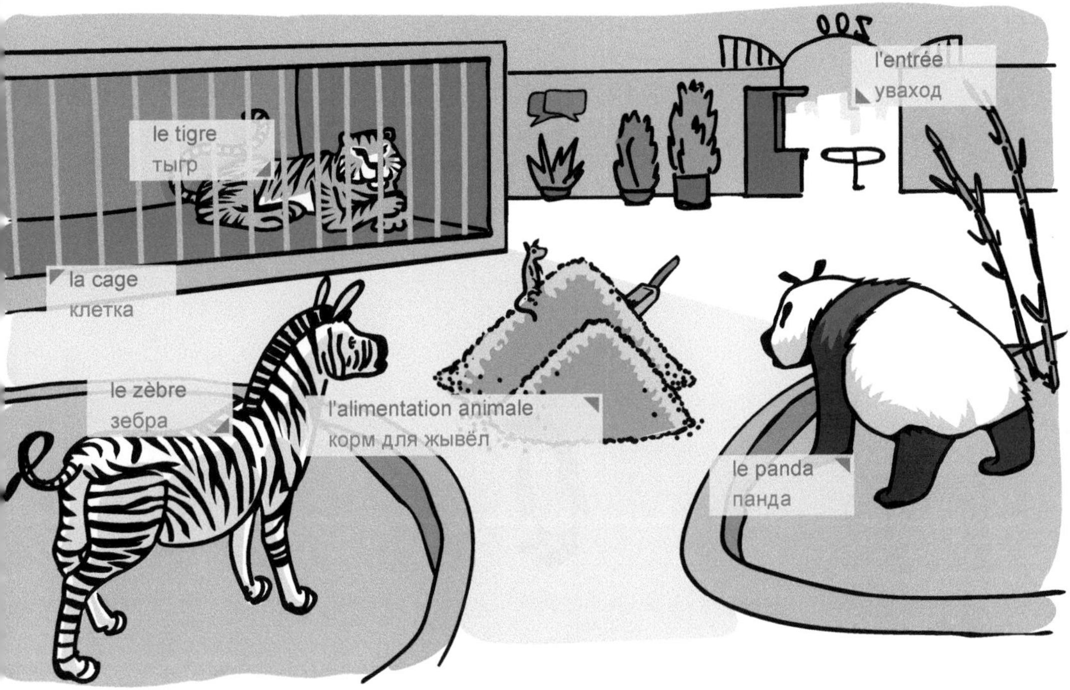

l'entrée
уваход
le tigre
тыгр
la cage
клетка
le zèbre
зебра
l'alimentation animale
корм для жывёл
le panda
панда

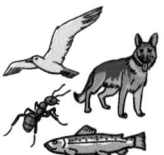

les animaux

жывёлы

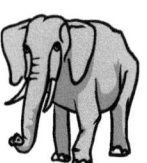

l'éléphant

слон

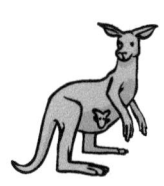

le kangourou

кенгуру

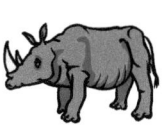

le rhinocéros

насарог

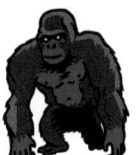

le gorille

гарыла

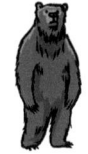

l'ours

мядзведзь

le chameau

вярблюд

l'autruche

стравус

le lion

леў

le singe

малпа

le flamand rose

фламінга

le perroquet

папугай

l'ours polaire

белы мядзведзь

le pingouin

пінгвін

le requin

акула

le paon

паўлін

le serpent

змяя

le crocodile

кракадзіл

le gardien de zoo

наглядчык заапарка

le phoque

цюлень

le jaguar

ягуар

le poney

понi

le léopard

леапард

l'hippopotame

бегемот

la girafe

жыраф

l'aigle

арол

le sanglier

дзiк

le poisson

рыбак

la tortue

чарапаха

le morse

морж

le renard

лiса

la gazelle

газель

спорт

l'american Football
амерыканскі футбол

le cyclisme
веласпорт

le tennis
тэніс

le basket-ball
баскетбол

la natation
плаванне

le hockey sur glace
хакей з шайбай

la boxe
бокс

le football

футбол

le badminton

бадмінтон

l'athlétisme

лёгкая атлетыка

le handball

гандбол

le ski

горныя лыжы

le polo

пола

les activités
дзейнасць

rire
смяяцца
sauter
скакаць
embrasser
абдымаць
marcher
ісці
chanter
спяваць
rêver
марыць
prier
маліцца
faire la bise
цалаваць

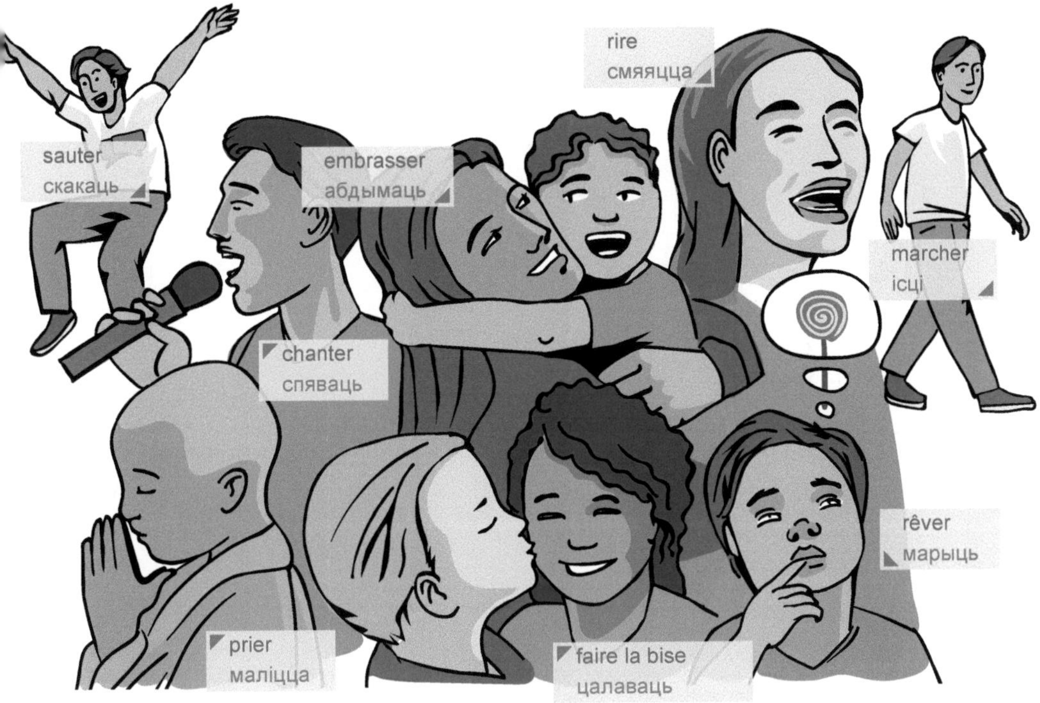

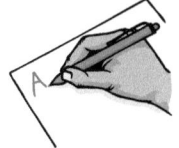

écrire

пісаць

dessiner

маляваць

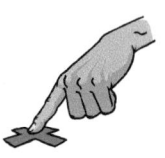

montrer

паказваць

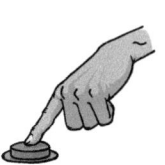

pousser

націснуць

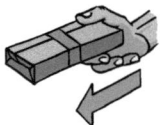

donner

даваць

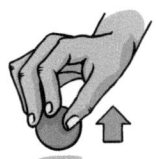

prendre

браць

avoir

маць

faire

выконваць

être

быць

être debout

стаяць

courir

бегчы

trier

цягнуць

jeter

кідаць

tomber

падаць

être couché

ляжаць

attendre

чакаць

porter

насіць

être assis

сядзець

s'habiller

апранацца

dormir

спаць

se réveiller

прачынацца

regarder

глядзець

pleurer

плакаць

caresser

лашчыць

peigner

прычэсвацца

parler

гаварыць

comprendre

разумець

demander

пытаць

écouter

чуць

boire

піць

manger

есці

ranger

прыбіраць

aimer

кахаць

cuire

гатаваць

conduire

ехаць

voler

лятаць

faire de la voile

плаваць пад ветразем

calculer

лічыць

lire

чытаць

apprendre

вучыць

travailler

працаваць

se marier

уступаць у шлюб

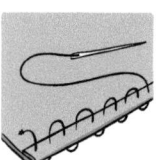

coudre

шыць

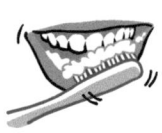

brosser les dents

чысціць зубы

tuer

забіваць

fumer

курыць

envoyer

пасылаць

la grand-mère
бабуля

le grand-père
дзядуля

le père
бацька

la mère
маці

le bébé
дзіця

la fille
дачка

le fils
сын

l'hôte

госць

la tante

цётка

l'oncle

дзядзька

le frère

брат

la sœur

сястра

le corps

цела

le front
лоб
l'œil
вока
l'épaule
плячо
le doigt
палец
le visage
твар
le menton
падбародак
la main
рука
la jambe
нага
la poitrine
грудзі
le bras
рука

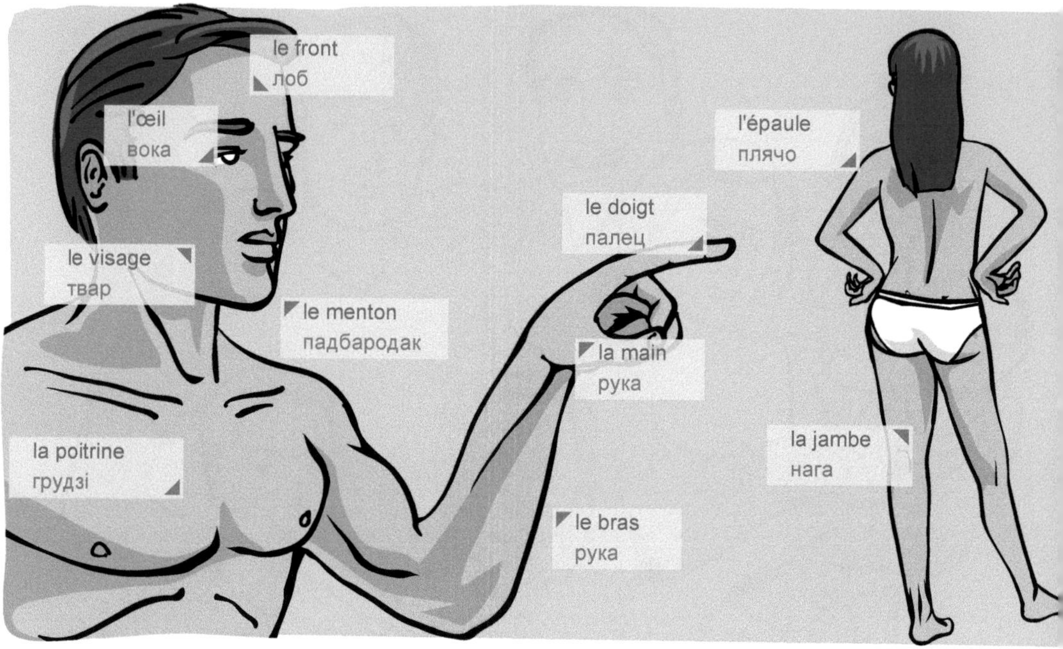

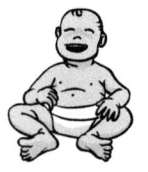

le bébé

дзіця

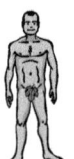

l'homme

мужчына

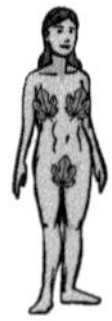

la femme

жанчына

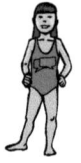

la fille

дзяўчынка

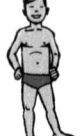

le garçon

хлопчык

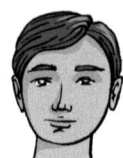

la tête

галава

le dos

спіна

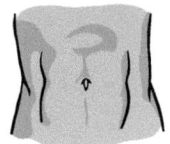

le ventre

жывот

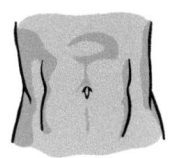

le nombril

пуп

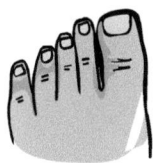

l'orteil

палец нагі

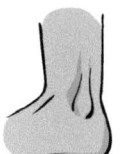

le talon

пятка

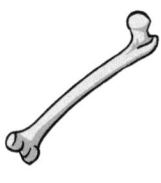

l'os

костка

la hanche

бядро

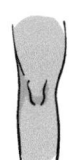

le genou

калена

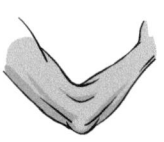

le coude

локаць

le nez

нос

les fesses

ягадзіца

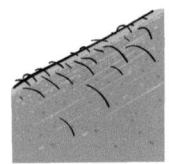

la peau

скура

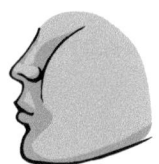

la joue

шчака

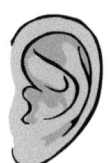

l'oreille

вуха

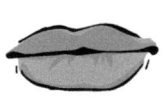

la lèvre

губа

la bouche

рот

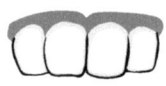

la dent

зуб

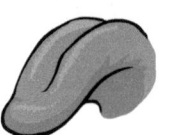

la langue

язык

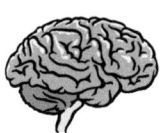

le cerveau

галаўны мозг

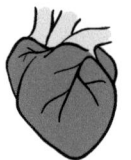

le cœur

сэрца

le muscle

мышца

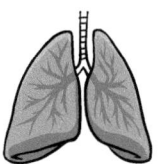

les poumons

лёгкае

le foie

пячонка

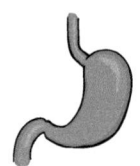

l'estomac

страўнік

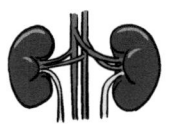

les reins

ныркі

le rapport sexuel

сэкс

le préservatif

прэзерватыў

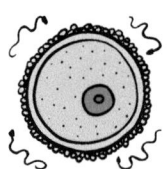

l'ovule

яйцаклетка

le sperme

сперма

la grossesse

цяжарнасць

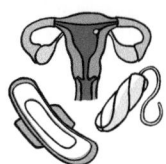

la menstruation

менструацыя

le vagin

похва

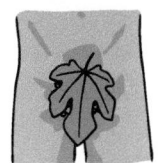

le pénis

пеніс

le sourcil

брыво

les cheveux

валасы

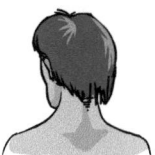

le cou

шыя

l'hôpital
шпіталь

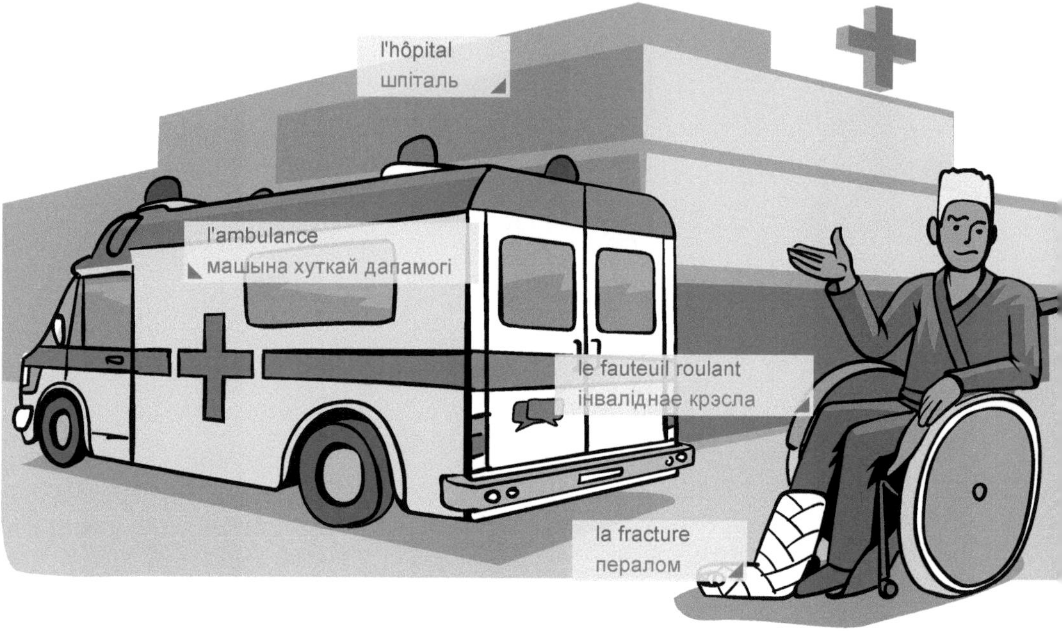

l'hôpital
шпіталь
l'ambulance
машына хуткай дапамогі
le fauteuil roulant
інваліднае крэсла
la fracture
пералом

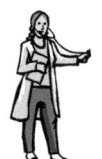

le médecin

доктар

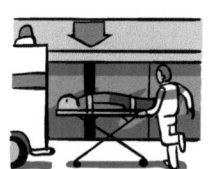

le service des urgences

аддзяленне першай дапамогі

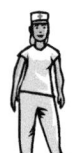

l'infirmière

медсястра

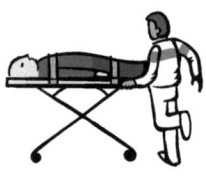

l'urgence

экстраная дапамога

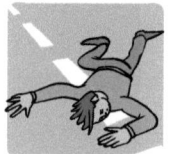

inconscient

непрытомны

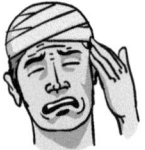

la douleur

боль

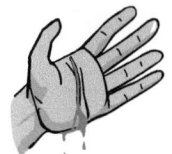

la blessure

траўма

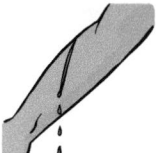

l'hémorragie

крывацёк

la crise cardiaque

інфаркт

l'attaque cérébrale

апаплексія

l'allergie

алергія

la toux

кашаль

la fièvre

гарачка

la grippe

грып

la diarrhée

панос

le mal de tête

галаўны боль

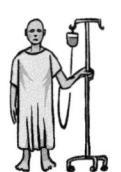

le cancer

рак

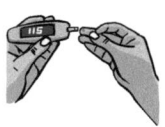

le diabète

дыябет

le chirurgien

хірург

le scalpel

скальпель

l'opération

аперацыя

le CT

КТ

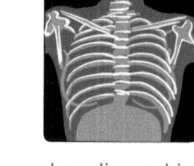

la radiographie

рэнтген

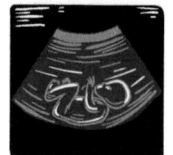

l'échographie

ультрагук

le masque

маска

la maladie

хвароба

la salle d'attente

пачакальня

la béquille

мыліца

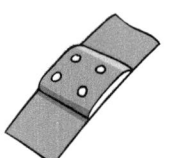

le pansement

пластыр

le pansement

бінт

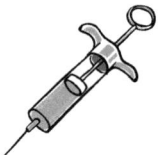

l'injection

ін'екцыя

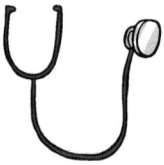

le stéthoscope

стэтаскоп

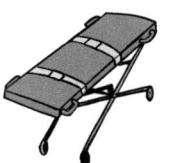

le brancard

насілкі

le thermomètre

градуснік

l'accouchement

нараджэнне

la surcharge pondérale

лішняя вага

l'appareil auditif

слухавы апарат

le désinfectant

дэзінфекцыйны сродак

l'infection

інфекцыя

le virus

вірус

le VIH / le sida

ВІЧ/СНІД

le médicament

лекі

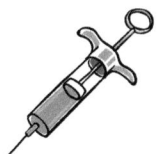

la vaccination

прышчэпка

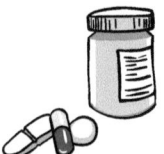

les comprimés

таблеткі

la pilule

супрацьзачаткавая таблетка

l'appel d'urgence

экстраны выклік

le tensiomètre

танометр

malade / sain

хворы / здаровы

Au secours !

Ратуйце!

l'alarme

сігналізацыя

l'assaut

напад

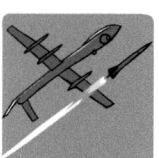

l'attaque

атака

le danger

небяспека

la sortie de secours

аварыйны выхад

Au feu!

Пажар!

l'extincteur

вогнетушыцель

l'accident

аварыя

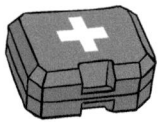

la trousse de premier
secours

аптэчка

SOS

СОС

la police

паліцыя

l'Europe

Еўропа

l'Amérique du Nord

Паўночная Амерыка

l'Amérique du Sud

Паўднёвая Амерыка

l'Afrique

Афрыка

l'Asie

Азія

l'Australie

Аўстралія

l'Océan atlantique

Атлантычны акіян

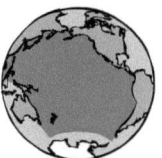

l'Océan pacifique

Ціхі акіян

l'Océan indien

Індыйскі акіян

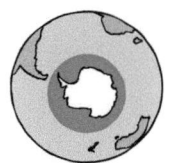

l'Océan antarctique

Паўднёвы ледавіты акіян

l'Océan arctique

Паўночны ледавіты акіян

le Pôle nord

Паўночны полюс

le Pôle sud

Паўднёвы полюс

l'Antarctique

Антарктыда

la terre

Зямля

le pays

краіна

la mer

мора

l'île

востраў

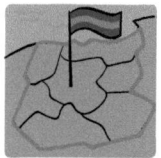

la nation

нацыя

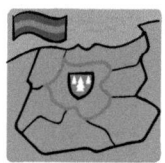

l'état

дзяржава

le cadran

цыферблат

l'aiguille des heures

гадзінная стрэлка

l'aiguille des minutes

хвілінная стрэлка

l'aiguille des secondes

секундная стрэлка

Quelle heure est-il ?

Колькі часу?

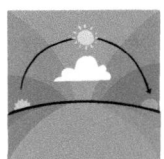

le jour

дзень

le temps

час

maintenant

зараз

la montre digitale

электронны гадзіннік

la minute

хвіліна

l'heure

гадзіна

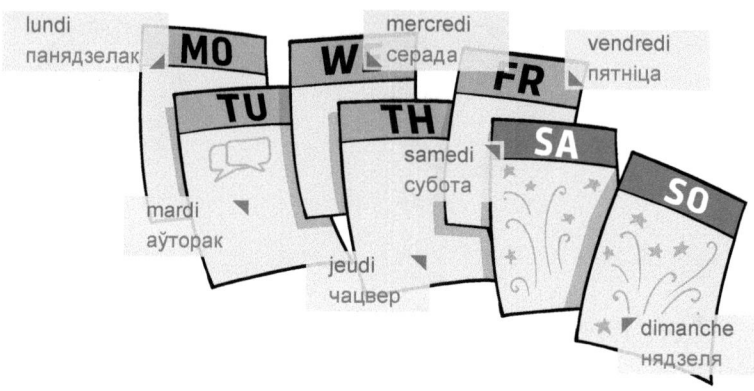

lundi / панядзелак
mardi / аўторак
mercredi / серада
jeudi / чацвер
vendredi / пятніца
samedi / субота
dimanche / нядзеля

hier

ўчора

aujourd'hui

сёння

demain

заўтра

le matin

раніца

le midi

абед

le soir

вечар

MO	TU	WE	TH	FR	SA	SU
1	2	3	4	5	6	7
8	9	10	11	12	13	14
15	16	17	18	19	20	21
22	23	24	25	26	27	28
29	30	31	1	2	3	4

les jours ouvrables

працоўныя дні

MO	TU	WE	TH	FR	SA	SU
1	2	3	4	5	6	7
8	9	10	11	12	13	14
15	16	17	18	19	20	21
22	23	24	25	26	27	28
29	30	31	1	2	3	4

le week-end

выхадныя

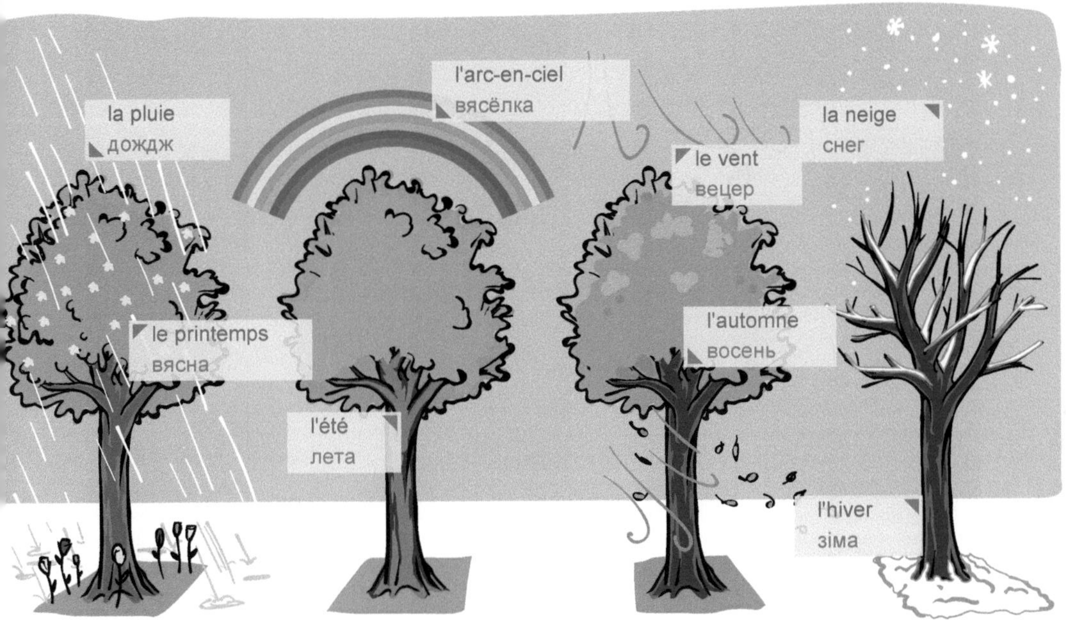

la pluie
дождж
l'arc-en-ciel
вясёлка
la neige
снег
le vent
вецер
le printemps
вясна
l'automne
восень
l'été
лета
l'hiver
зіма

4.APRIL 11°
5.APRIL 4°
6.APRIL 13°
7.APRIL 8°
8.APRIL 10°

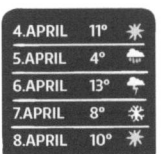

la météo

прагноз надвор'я

F C
120 40
90 30
60 20
30 10
0 0
-30 -10
-20

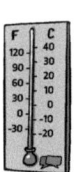

le thermomètre

градуснік

la lumière du soleil

сонечнае святло

le nuage

воблака

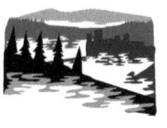

le brouillard

туман

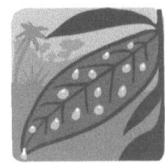

l'humidité

вільготнасць паветра

la foudre

маланка

la tonnerre

гром

la tempête

бура

la grêle

град

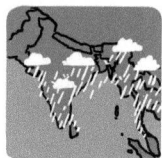

la mousson

мусонны вецер

l'inondation

прыліў

la glace

лёд

janvier

студзень

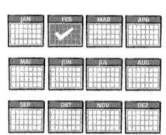

février

люты

mars

сакавік

avril

красавік

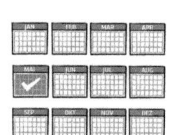

mai

май

juin

чэрвень

juillet

ліпень

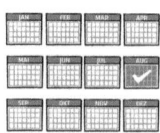

août

жнівень

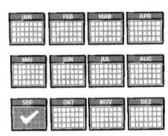

septembre
....
верасень

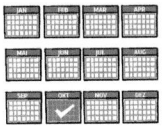

octobre
....
кастрычнік

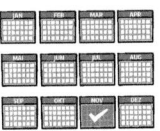

novembre
....
лістапад

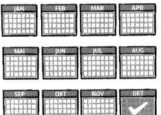

décembre
....
снежань

le cercle
....
круг

le carré
....
квадрат

le rectangle
....
прамавугольнік

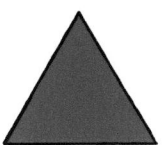

le triangle
....
трохвугольнік

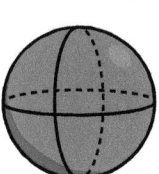

la sphère
....
шар

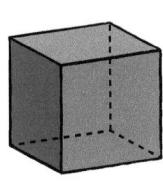

le cube
....
куб

blanc

белы

jaune

жоўты

orange

аранжавы

rose

ружовы

rouge

чырвоны

violet

фіялетавы

bleu

сіні

vert

зялёны

marron

карычневы

gris

шэры

noir

чорны

beaucoup / peu

шмат / мала

fâché / calme

злы / добры

joli / laid

прыгожы / брыдкі

le début / la fin

пачатак / канец

grand / petit

высокі / малы

clair / obscure

светлы / цёмны

frère / soeur

сястра / брат

propre / sale

чысты / брудны

complet / incomplet

поўны / няпоўны

le jour / la nuit

дзень / ноч

mort / vivant

мёртвы / жывы

large / étroit

шырокі / вузкі

comestible / incomestible

ядомы / неядомы

méchant / gentil

злы / добры

excité / ennuyé

узбуджаны / нудны

gros / mince

тоўсты / тонкі

le premier / le dernier

першы / апошні

l'ami / l'ennemi

сябар / вораг

plein / vide

поўны / пусты

dur / souple

цвёрды / мяккі

lourd / léger

важкі / лёгкі

faim / soif

голад / смага

malade / sain

хворы / здаровы

illégal / légal

нелегальны / легальны

intelligent / stupide

разумны / дурны

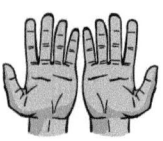

gauche / droite

левы / правы

proche / loin

побач / далёка

nouveau / usé

новы / былы ва ўжыванні

rien / quelque chose

нічога / нешта

vieux / jeune

стары / малады

marche / arrêt

укл / выкл

ouvert / fermé

адчынены / зачынены

faible / fort

ціхі / гучны

riche / pauvre

багаты / бедны

correct / incorrect

правільна / няправільна

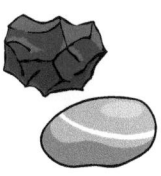

rugueux / lisse

шурпаты / гладкі

triste / heureux

сумны / шчаслівы

court / long

кароткі / доўгі

lent / rapide

павольны / хуткі

mouillé / sec

вільготны / сухі

chaud / froid

цёплы / халаднаваты

la guerre / la paix

вайна / мір

0

zéro

нуль

1

un / une

адзін

2

deux

два

3

trois

тры

4

quatre

чатыры

5

cinq

пяць

6

six

шэсць

7

sept

сем

8

huit

восем

9

neuf

дзевяць

10

dix

дзесяць

11

onze

адзінаццаць

12

douze

дванаццаць

13

treize

трынаццаць

14

quatorze

чатырнаццаць

15

quinze

пятнаццаць

16

seize

шаснаццаць

17

dix-sept

сямнаццаць

18

dix-huit

васямнаццаць

19

dix-neuf

дзевятнаццаць

20

vingt

дваццаць

100

cent

сто

1.000

mille

тысяча

1.000.000

le million

мільён

les nombres - лічбы

l'anglais

англійская

l'anglais américain

англійская (Амерыка)

le chinois mandarin

кітайская мандарынская

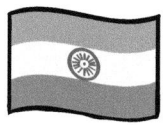

le hindi

хіндзі

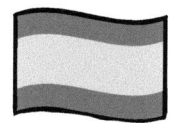

l'espagnol

іспанская

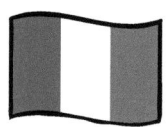

le français

французская

l'arabe

арабская

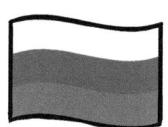

le russe

руская

le portugais

партугальская

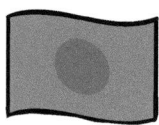

le bengali

бенгальская

l'allemand

нямецкая

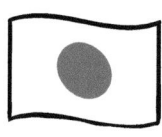

le japonais

японская

je

я

tu

ты

il / elle / ce, c', cela

ён / яна / яно

nous

мы

vous

вы

ils / elles

яны

Qui ?

хто?

Quoi ?

што?

Comment ?

як?

Où ?

дзе?

Quand ?

калі?

le nom

імя

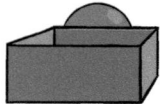

derrière

за

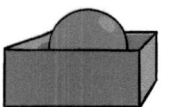

dans

у

devant

перад

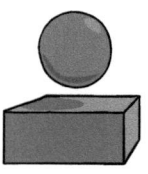

au-dessus

над

sur

на

en-dessous

пад

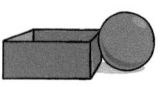

à côté de

каля

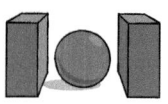

entre

паміж

le lieu

месца